황규봉 한시선 제1집

001~100

월요일 수요일 금요일

한韓 시詩

황규봉 한시선 제 1 집 001~100

월요일 수요일 금요일 한시(韓詩)

未空 황규봉 저

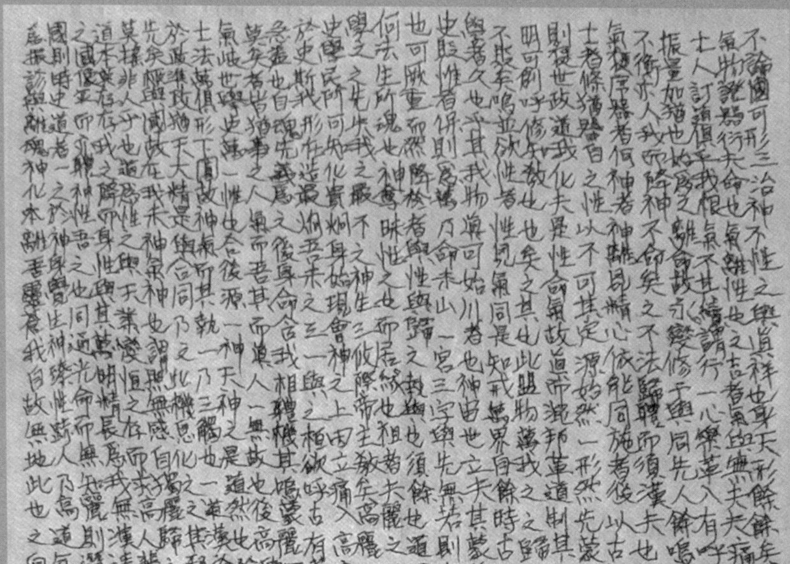

음식점 냅킨에 외워 쓴 「단군세기」 서문

전남대학교출판문화원

■ 머리말

한시는 한자로 적은 시이다. 한시는 漢詩로 표시되고 한자는 漢字로 표시된다. 이 당연한 표기를 필자는 의심한다.

"한족"이라는 단어를 한자로 쓰시오 하는 주문에 漢族이 먼저 떠오르는 것은 당연하다 할 것이다. 그런데 중국에 사는 한민족을 가리키는 한족이라는 명칭도 동일하게 표기해야 할까? 중국漢族들이 소수민족으로 치부하고 있는 의미의 한족은 韓族으로 표기되어야 하지 않을까? 그렇다면, 한자는 韓字로, 한시는 韓詩로 각각 표기해야 옳다.

왜냐하면, 역사를 아는 세계인들이, 심지어 지각있는 중국인들마저 한자는 한민족의 조상인 東夷族이 만든 문자임을 인정하고 주장하고 있기 때문이다. 그리고 세상 천지에 오로지 간편하게 사용하겠다는 의도로, 소위 간자체라 하여, 자기의 조상들이 만든 문자를 비틀고 파괴하여 표기하는 후손들은 없을 것이기 때문이다.

필자는 고교시절에 오언절구와 칠언율시를 배우면서부터 자연스럽게 韓詩를 접하고 써보기 시작했다. 어쩌다 머릿속에 떠오른 생각을 한자로 표현해보는 것은 하나의 즐거움이었다. 그러다가 나이 오십 후반에 늦게야 '인류역사상 최고의 명문장'인 <단군세기 서문>을 만나서 그 문장을 읽고 읽어 韓字 794자로 된 행촌 이암선생의 원문장을 암송하게 되었다. 이후 교우관계를 이어가는 장소인 음식점의 냅킨에, 그리고 회사 사무실에서 짬을 내어 이면지에 단군세기 서문을 암송하여 써보는 경험은 정식으로 한문공부를 하지 못한 필자에게 큰 도움이 되었다. 이후 우리 한민족 최초의 역사기록인 <서효사(신지비사)>, 우리조상들의 마음수행상 기본서인 <삼일신고> 등을 머릿속에 집어넣어 암송하는 재미를 즐기다가 칠언율시를 떠올리고는 '한시를 써서 모아보자' 하는 생각을 하게 되었다.

그런데 사회생활하면서 만난 또래친구들이 다들 은퇴하고 각자의 노년을 모색하는 단계에 이르러 필자의 일상생활은 혼자서 시간을 갖는 경우가 많아지고, 어쩌다 보니 혼자 시간을 보내는 월요일 수요일 금요일의 퇴근 후 시간에는 한시를 쓰게 되었다. 그러면서 한시가 어느 정도 분량이 되어 그것을 묶어내게 된다면, 그 제목을 [월수금한시]로 하자는 소박한 기획을 하게 되었다.

우연하게도 한시를 쓰고 저장하기 시작한 시기는 코로나19가 기승을 부리던 때였다. 모든 음식점의 영업시간이 제한되고 개인의 활동이 자유롭지 못한 시기였다. 그래도 필자는 굳건히 월수금요일에 혼자서 시간을 가지면서 영업시간 종료 이전에 한시를 완성하여 지인들에게 메시지로, 카카오톡으로 전달하고 나서 귀가하곤 했다.

필자는 오언절구보다는 칠언율시를 선호한다. 한시에 있어서 비전문가인 필자의 실력으로 다섯 자로써 어떤 정서나 현상을 표현하기란 고단한 작업이어서 그래도 두 자를 더 쓸 수 있는 칠언율시로 자연스레 방향을 잡게 되었다. 그런데 칠언율시의 규칙이 운율을 맞춰야 한다는 것과 일곱 자 여덟 행으로 이루어져야 한다는 것인데, 이 부분에서도 필자의 비전문성이 알차게 발휘되었다. 운율은 韓字의 음 중 초성을 제외한 음이 유사한 소리가 나면 되는 것으로 하고, 영업시간 제한을 염두에 두어야 하는 음식점의 분위기나 필자의 醉氣정도 등에 따라 혹은 네 행으로도 칠언율시가 됨을 스스로 인정하기로 한 것이다. 따라서 한시를 잘 썼다, 한시가 어떠하다 하는 평가는 일체 황송한 느낌일 수밖에 없다.

한시를 이틀(수금) 혹은 사흘(금월)에 하나씩 쓴다는 것은 사실 고통이다. 이 머리고통(心苦)은 기쁘지도 않고 다른 이들에게 권할 만한 일도 아니다. 그래도 환갑을 넘긴 필자가 같은 시간을 보내면서 무엇인가 남길 수 있는 작업으로서, 그리고 소주 한 잔 정도의 즐거움은 남는 혼자즐김(孤樂)으로서, 한시를 구상하고 표현해보는 것이, 현재에도 진행 중인, 유일한 선택일 뿐이다.

이제 한시가 백 편을 넘고, 묶어서 인쇄해보자는 소박한 기획을 실천할 단계에 이르러서는, 그래도 시집(詩

集)인데 한시가 만들어진 날짜순으로 나열하여 그냥 인쇄하여 묶어낸다면, 그것이 과연 무슨 감흥이 있을 것인가 하는 의문이 들게 되었다. 그리하여 먼저 한시의 각 편을 주제 또는 문제의식 등의 기준으로 분류하였다. 그 분류를 목차삼아 시집의 앞부분에 표시해두면, 읽는 사람이 정서나 주제를 먼저 보고 시편을 선택하여 해당 쪽을 펴봄으로써 나름의 감상을 가질 수 있도록 目次부분에 신경을 기울였다.

좌우간 이 시집의 탄생은 아내 정경란이 월수금요일 퇴근 후에 필자로 하여금 혼자서 시간을 가질 수 있도록 배려해준 데에서 비롯되었다. '나이 먹고 늙어갖고 뭐라도 하라.'라는 등의 군소리 한 마디 없이, 말하자면, 든든하게 지원해준 것이다. 그리고 주제분류 등 시집의 편집 방향과 묶어냄에 대하여 아낌없는 조언을 해준 이성훈, 홍상헌 두 친구의 도움도 컸다. 감사를 표한다.

더하여, 필자가 1999년 『신탁경영론』 출간 이후로는 출판과는 거리가 있는 생활을 이어오고, 최근 출판업계 동향에 대해 아는 것이 없는 상황에서 지난해 7월 어찌어찌 출판사가 아닌 도서유통업자를 먼저 만나 그의 수배로 기획과 출판을 급하게 진행하여 당시까지 작성된 118편을 묶어 펴내면서 유감스러운 경험을 한 적이 있다.

이러저러한 반성으로 『월수금한시』의 편제를 점검하게 되었는데, 서교동의 賢者 한승석 군으로부터 韓詩의

각 편마다 音을 표시하여 가독성을 높이자는 의견을 들어 그대로 시행하였다. 그리고 묶어 펴내는 편수도 고려하게 되었는데, 2021년 9월 6일 제1편부터 2022년 6월 6일 제100편까지 묶어 제1집으로 하고, 이후 100편씩 묶어 펴내자는 생각을 하게 되었다. 이 같은 모든 것이 於此彼 자청(自請)한 마음고통(心苦)인 바이다.

2023년 2월 하순 雨水를 지나고 나서

未空 황규봉

■ 목차

천부경 삼일신고 홍익인간 단군조선 단군세기 서효사 염표문 천제

본성 목숨 성선설 성악설 중용 성심 성품 양심 기개 안분 용불용설

섭리 윤리 도리 복 덕 기 몸
건강 치아 도 도리 경계선

우주 하늘

수양 반성 중용 수행 자화상
가식 평범 개선 다짐 격언 반성 천하

상념 교우 관계
인연 가족 고향

경영 사업

농사 주말농장 잡초

산가꾸기 산 편백정신
편백 수목장

선유동 화원 용두동
보성득량 연남옥

김장 정치 공과 시속
선거 대화 문법

코로나19

한시

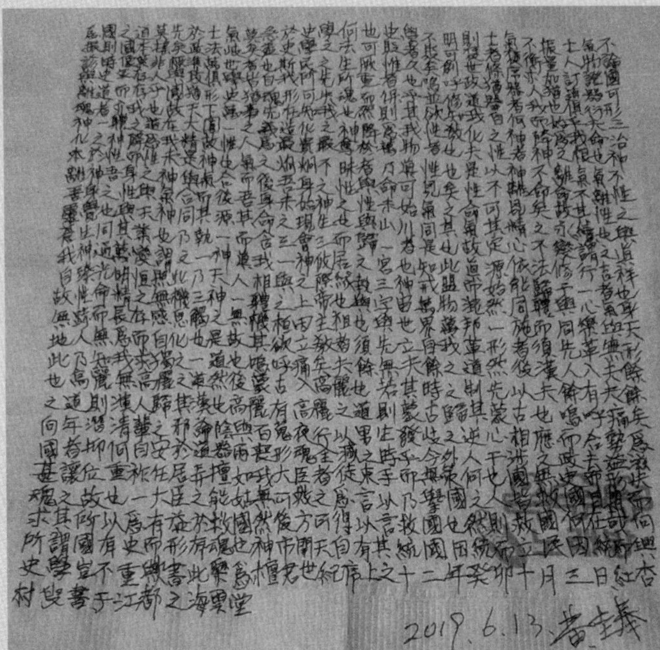
史學豈不重歟書此樂為檀君世紀序上之十二年癸卯十月三日紅杏
村叟書于江都之海雲堂
2019. 6. 13.

初秋多情遠心茂　　　초추다정원심무
務堅無心招散念　　　무견무심초산념
其情其念自生滅　　　기정기념자생멸
乃觀應變歸首謙　　　내관응변귀수겸

초가을 마음쓰여 이 생각 저 생각 무성하게 일어나는구나

애써 무심한 듯 지나려 하나 그마저 여러 생각이 몰려들게 하는구나

정이나 바램이나 지맘대로 일어났다 스러지는 것을

서로 닿고 변하고 제 자리로 돌아가는 모양을 지켜보면 고개가 수그러질 뿐

2021.09.06.

未空*者獨飮獨煙　　미공자독음독연
何時何處誰問乎　　하시하처수문호
緣積成在始無終　　연적성재시무종
望善又輕想指蕭**　　망선우경상지소

미공이 혼자서 담뱃대 물고 술잔을 기울이는데
그것이 언제냐 어디메냐 물어 무엇하리
인연 닿는 대로 지금이 맹글어져 앞으로도 끝간 데 없거늘
선하고 가벼운 상념이 가리키는 곳을 바라보니 쓸쓸하구나

2021.09.08.

---

* 미공 未空 자작호
** 쓸쓸할 소 蕭

善者先無慾無期　　선자선무욕무기
體持中不止常潔　　체지중부지상결
後不論功過待次　　후부론공과대차
堅重中不怠其決　　견중중불태기결

선이라는 것 먼저 욕심이 없어야 하고 헛된 기대가 없어야 하며

중(용)을 지키고 한 순간도 그치지 아니하고 항상 깨끗한 것이 본질일 터

지나고 나서 지난 일 많고 적음을 따지지 아니하고 다음을 기다리는 것

중(용)을 무겁게 여기고 게으르지 아니하리라는 그 마음을 굳게 지키리

2021.09.10.

輕者不屬派時流	경자불속파시류
如風觸過軟草木	여풍촉과연초목
不知何處其始終	부지하처기시종
存無蹟損益是祿*	존무적손익시록

가벼움이라는 것 어떤 무리에도 시류에도 속하지 않고
바람이 연한 풀과 나무를 건드리고 지나가
어디서 와서 어디로 가는지 모르는 것처럼
존재하지만 자취도 잃고 얻음도 없으니 그것이 바로 생겨난 대로의 복록 아닌가

2021.09.13.

---

*복 록祿

輕與重之差何也 경여중지차하야
輕者無蹟謳*自由 경자무적구자유
重者自求縛定住 중자자구속정주
乃欲意之差結類 내욕의지차결류

가벼움과 무거움은 무엇이 다를까
가벼움은 흔적도 남기지 않고 자유를 구가하지만
무거움은 스스로 어디에 묶이는 것을 구하고 머물러 사는 것
결국 바라고 뜻하는 것이 달라 이름지워지는 무리가 다르다 하는 것

2021.09.15.

* 노래할 구 謳

敦友積阻招點心	돈우적조초점심
對面亦無變如前	대면역무변여전
弄時空關係宇宙	농시공관계우주
是友是友咸老焉	시우시우함노언

돈근이 오랫만에 와서 점심을 먹는데
역시 얼굴을 마주하니 변함없구나
시간 공간 그렇고 그런 인연 또 우주까지 유쾌하구나
친구는 친구! 함께 늙어가는구나

2021.09.17.

其欲遊山乃見端 기욕유산내견단
於是出此彼多選 어시출차피다선
屬其地情卽故鄕 속기지정즉고향
從天然而欲遺善 종천연이욕유선

산에서 놀다 가고자 했더니 비로소 그 끄트머리가 보이는데
이제사 이 생각 저 생각 분출해 선택이 어렵구나
그 땅에 정붙이고 살면 그게 다 고향인 것을
어쨌거나 그러려니 하면서도 그 마음 그대로 남길 수 있었으면

2021.09.24.

有氣指中引應新　　유기지중인응신
生硬熟活交續變　　생경숙활교속변
有體養揬*融乃體　　유체양돌융내체
其體暫盛歸有緣　　기체잠성귀유연

어떤 우주(氣)가 중심을 향해 가더니 어울림과 새로움을 밝혀 내는구나
생경하기도 하고 익숙해서 활발하기도 하면서 끊임없이 변해 가는데
어린 몸뚱이 점차 자라 부딪고 어울려 마침내 물건을 내는구나
그 물건 잠시 으르렁대다가 다른 우주로 돌아가는 인연 아닌가

2021.09.27.

---

* 부딪칠 돌 揬

恥心是良心之影	치심시양심지영
知上下中格輕重	지상하중격경중
重口行善之動根	중구행선지동근
日省是煩*座考衷	일성시번좌고충

부끄러운 마음은 양심이 있다는 증거려니
위 아래를 알아 중간을 찾고 일의 가벼움과 중함을 구분하니
입을 무겁게 하고 마음 그대로 행하게 하는 뿌리일 것
하루 한 번은 번다히 많으려나 앉아서 그 속을 헤아려보네

2021.09.29.

---

* 번거로울 번 煩

守分知我非棄道	수분지아비기도
步生老病死殫*殫	보생노병사탄탄
中活盛時起當意	중활성시기당의
契**可能事事不亂	결가능사사불란

분수를 지킨다는 것 나를 알되 갈 길을 포기함이 아닐 것
생겨나 나이들고 병들고 낫고 죽는 과정을 착실하게 밟아나감 일 것
그 중에 성할 때 온당한 뜻을 세워
되는 곳까지 애를 쓰되 어지러워하지 않는 것

2021.10.01.

* 다할 탄 殫
** 맺을 계 契, 애쓸 결 契

紀念初得盲墱地 기념초득맹만지
與踱*妻坐小片宴 여탁처좌소편연
談悄悄**其長時緣 담초초기장시연
乃前途亦悄廉***然 내전도역초렴연

생전 처음으로 길도 나지 않은 조그마한 산속 땅을 얻은 기념으로

순수무정 마누라와 함께 작은 자리 마련하여

도란도란 근심과 희망을 섞어 이 긴 세월의 인연을 이야기하는구나

그렇구나 앞으로도 조심하며 깨끗하게 살아가야지

2021.10.06.

樹木葬터 확보 기념

---

* 맨발 탁 踱
** 근심할 초 悄
*** 청렴할 염 廉

送愧韓詩於閑意	송괴한시어한의
或覽或不視或歡	혹람혹불시혹환
月水金壹瓶當篇	월수금일병당편
其自約守之不換	기자약수지불환

부끄러운 한시를 한가로운 마음으로(별다른 뜻 없이) 보내는데
열어보는 이도 있고 보지 않는 이도 기뻐하는 이도 있구나
월수금요일 소주 한 병 마시는 동안 한시 한 편 만들자는
스스로 한 그 약속은 지키고 바꾸지 않으리

2021.10.08.

時空緣是人生史 시공연시인생사
時之多寡基年輪 시지다과기연륜
空之何處表個容 공지하처표개용
緣之密疏招今胤* 연지밀소초금윤

시간과 공간과 관계가 사람마다의 인생여정을 말해주거늘
시간의 많고 적음이 그 사람의 연륜의 기초가 되고
사람이 있는 곳에 따라 각자의 모습이 정해지며
인연과 관계는 그 그물망의 배고 성김에 따라 현재는 물론 나중까지 불러와지는구나

2021.10.13.

---

* 이을 윤 胤

時間者存在之本	시간자존재지본
原不測不觸虛眞	원불측불촉허진
慾動神應得測能	욕동신응득측능
無始終不斷一眞	무시종부단일진

시간은 존재의 근본인데
원래 그 자체로는 측량되지도 만져지지도 않는, 있으나 허공인 진리
인간의 욕망이 움직이고 신이 응하여 재는 능력을 얻었어도
시작도 없고 끝도 없으며 끊임없이 이어지는 첫 번째 진리

2021.10.15.

空間表有限存在　　　공간표유한존재
存一處性卽永劫　　　존일처성즉영겁
佛點督聰存不分　　　불점독총존불분
不得受二眞續業　　　부득수이진속업

공간이라는 것, 존재의 유한함을 보여주는 실체
모든 존재는 한 시 한 곳에 못박힐 수밖에 없는 성질을 영원히 바꿀 수 없네
부처님이 점지하고 기독신이 은총을 베푼다한들 나는 둘로 나뉠 수 없네
뭔 별 수 없이 생의 두 번째 진리를 받아들여 진리업을 이어갈 수밖에

2021.10.18.

關係者時空之痕　　관계자시공지흔
從慾之作道積積　　종욕지작도적적
成敗美醜然不然　　성패미추연줄연
時流空變緣且積　　시류공변연차적

관계라는 것, 시간과 공간이 만들어놓은 흔적
사람의 욕심이 짓는 길을 따라 쌓이고 쌓인다
성공적이든 실패작이든 아름답든 추하든 또 인정하든 인정하지 않든
시간 흐르고 공간 바뀌어 인연은 또 쌓여간다

2021.10.20.

命與山川同其氣	명여산천동기기
我通山川之皆性	아통산천지개성
通之深幅從修道	통지심폭종수도
先身言書判啓成	선신언서판계성

나의 목숨이 현재 생겨남은 산천과 그 기를 함께함이니 (행촌 이암 단군세기 서문 <其命之現生也與山川同其氣> 인용)

나는 산천이 가진 신성, 인간성, 동물성, 식물성, 광물성 등 모든 성질과 통한다

그 통함의 깊이와 너비(사람마다 가지는 5가지 본성의 보유 비율)는 수련과 공부에 따를지니

먼저 몸가짐, 말의 옳고 그름과 많고 적음, 글의 올바름, 온건한 판단 등을 이루기 위해 노력할 작정이라

2021.10.22.

嘗陽蕩之界初樂	상양탕지계초락
覺虛空之窮劫善	각허공지궁겁선
止不止於何線妙	지부지어하선묘
或卽或作卽皆言	혹즉혹작즉개언

반듯함과 올곳함의 경계 그 초입의 즐거움을 맛보고

허공(우주)의 깊고도 먼 마음(眞事後的, 善事前的)을 깨닫기는 하지만

어느 경계에서 멈출지 그러하지 않을지 묘하구나

멈춤의 경계가 어떤 이들은 즉시이고, 어떤 이들은 계산 후 즉시이더라만 모두 말이 되더라

2021.10.25.

光影與功過不如	광영여공과불여
功過不似光影肖*	공과불사광영초
功過連緣光影空	공과연연광영공
此比缺**時當一考	차비결시당일고

빛과 그림자 공과 과는 같지 않다

공을 세움과 잘못을 범하는 것 그 둘은 서로 닮지 않지만 빛과 그림자는 꼭 닮는다

공이 있느냐 과가 있느냐 그것이 얼마 만큼이냐 하는 것은 인연, 관계와 연결되는 것이고 빛과 그림자는 그 때 그 때의 상황, 공간과 연결되는 것인데

빛-그림자와 공-과의 이 비교는 시간개념을 뺀 것이지만 한 번쯤 생각해볼 만하지 않을까

2021.10.27.

6·29선언 / 직선제개헌을 생각하며

---

* 닮을 초 肖

** 모자랄 결 缺

晩秋仙遊夕座溫	만추선유석좌온
初面舊顔同開心	초면구안동개심
漸增醉興善人樂	점증취흥선인락
因樂次席何不臨	인락차석하불임

무르익은 가을 선유골에 마련한 저녁자리가 따뜻하구나
처음 보는 사람도 낯익은 사람도 모두 마음 열고 앉았네
취흥 점차 더해지고 모인 사람들(善人) 모두 즐겁구나
그 즐거움 따라 다음 자리에 어찌 참석하지 않을 손가

2021.10.30.

外監者欲上經營　　외감자욕상경영
會計是經營之結　　회계시경영지결
未示過程之苦勞　　미시과정지고로
續營之宿又起熱　　속영지숙우기열

외부감사가 회사경영의 위에 있는 것 같구나
회계자료는 기업경영의 결과일 뿐인데
경영과정의 어려움과 고단함은 보이지 않고
계속경영(going concern)의 숙명이 주는 과제는 또 열정을 일으키는구나

2021.11.01.

其欲知我自何始 기욕지아자하시
先感知時間之流 선감지시간지류
後應空之微相動 후응공지미상동
其緣活着不要謬 기연활착불요류

나를 알려면 무엇부터 시작해야 하는가(행촌 이암 『단군세기』 서문 중 故天下萬事先在知我也然則其欲知我自何而始乎 인용)

먼저 시간흐름이 말하는 의미를 느끼고 알아야 하고

다음으로 공간(宇宙)의 미세한 떨림(律呂)에 응해야 하느니

그러한 인연과 관계가 숨쉬듯 편안하게 내 마음에 깃들면 그르칠 일은 없을 것

2021.11.03.

週末農場之初冬 주말농장지초동
要藁*草等期來春 요고초등기래춘
動之陌今遇舊面 동지맥금우구면
憾**無草場盞而運 감무초장잔이운

주말농장의 초겨울
다음 봄을 기약하기 위해 볏짚(藁草) 등 여러 가지가 필요하여
파주 맥금까지 움직여 낯익은 얼굴을 오랫만에 만났는데
논 볏짚 위에서 잔 나눔 없이 움직인 것이 서운하구나

2021.11.05.

---

* 마를 고 藁
** 서운할 감 憾

欋*軥**折而要修理　　구굉절이요수리
不足驗於農器具　　부족험어농기구
農心漸固因鬱***況　　농심점고인울황
非少齡而再始究　　비소령이재시구

쇠스랑 손잡이가 부러져 수리가 필요한데
농기구 경험이 부족한지라
답답한 상황이 오히려 농심을 더욱 단단하게 하고
적지 않은 나이를 먹고도 연구를 다시 시작하는구나

2021.11.08.

---

* 쇠스랑 구 欋
** 손잡이 굉 軥
*** 막힐, 답답할 울 鬱

週末農之神異樂	주말농지신이락
若行之像事業農	약행지상사업농
超暮暗從慾是當	초모암종욕시당
摘歜*於妻後自痛	적촉어처후자통

티끌 같은 씨를 뿌린 것이 싹을 틔우고 생장해가는 것을 보는 신기함과 작물을 거두어 지인들과 나누는 즐거움 - 이것이 주말농장을 하는 이유일진대

만약 가뭄과 태풍, 가격의 등락 등에 울고 웃는 사업농처럼 주말농을 한다면

날 저물어 어두워져도 이에 굴하지 않고 욕심껏 하는 것이 당연하다 할 것

이것을 당치도 않게 지적하고 아내에게 화를 내고는 스스로 혼자서 아파하는구나

2021.11.10.

---

* 화낼 촉 歜

秋色宛然風散葉	추색완연풍산엽
不顯意然其宜當	불현의연기의당
不得心座左窺*右	부득심좌좌규우
秋心常嘗無空場	추심상상무공장

가을색이 완연해지고 거리에는 바람 불어 낙엽이 흩날리는 구나

<나타나지않음>을 신조로 삼은 뜻(不顯意)은 세월 따라 자리 잡는 듯하지만

도를 얻지 못한 마음은 아직도 좌우를 엿고 있구나

가을마음이라는 것은 가보면 없고 돌아오면 텅 비어있음을 항상 맛보는구나

2021.11.12.

---

* 엿볼 규 窺

疫一九衰連毒感	역일구쇠연독감
不能無益別疫毒	불능무익별역독
不便小能事拙荒	불편소능사졸황
何時再觀音殽*玉	하시재관음효옥

코로나19의 기세(疫一九)가 쇠잔해지면서 그대로 독감의 계절과 연결되는구나

사람들은 코로나역질과 독감을 구별할 능력도 없고 구분하는 실익도 없는데

생활이 불편하고 인간사 범위가 축소되어 일이 지리멸렬 거칠어지는구나

언제나 다시 구슬이 섞여 구르는 소리를 볼 것이냐

2021.11.15.

* 섞일 효 殽

古來上下是不變　　고래상하시불변
人無時揷中其間　　인무시삽중기간
用其流結槓*窺倫　　용기류결공규륜
是非孟中非人間　　시비맹중비인간

옛부터 위아래관계는 변할 수 없거늘
언젠가부터 사람들이 그 사이에 <중>을 끼워넣더니
그런 시류를 지렛대 삼아 이제 윤리조차 넘보는데
이는 맹자 이름으로 널리 퍼진 중용도 아니고 사람 사이의 일을 설명하는 데에도 득이 없는 것

2021.11.17.

---

* 지렛대 공 槓

平凡者非易非難　　　평범자비이비난
非易出自世俗苦　　　비이출자세속고
難出自彼我慾揬*　　　난출자피아욕돌
脫俗無慾可能乎　　　탈속무욕가능호

평범하게 산다는 것, 쉽다면 쉽고 어렵다면 어려운 일일 것
세상사람들과 어울려 지지고 볶으면서 산다는 자체부터 쉽지 않음이고
인생의 어려움은 너와 나의 욕심이 부딪치는 데에서 비롯되는 것인데
과연 인간으로서 속세를 떠나서 욕심을 버린다는 것이 가능한 일인가

2021.11.19.

---

* 부딪칠 돌 揬

季節遷變常妙也 계절천변상묘야
時間感徐歲月矢 시간감제세월시
夏冬留長秋春瞬 하동류장추춘순
日月交空無心是 일월교공무심시

계절이 바뀌고 변하는 것은 언제나 오묘하구나
시간은 천천히 흐르지만 세월은 화살처럼 빠르게 지나는데
여름과 겨울은 오래오래 머물렀다 가지만 가을과 봄은 눈 깜박임처럼 순간이고
낮밤이 자리를 바꾸는 하늘은 무심 그것이로구나

2021.11.22.

薄利層層損積山　　　　박리층층손적산
多賣望揭扁額孤　　　　다매망게편액고
業性屬植物遲苦　　　　업성속식물지고
神人動植鑛遠笑　　　　신인동식광원소

이문이 너무 얇아 손실은 시간따라 산처럼 쌓이는데
박리라도 매출이 많으면 되리라는 희망은 액자에 걸려 외롭구나
사업이 식물성이라서 더디고 어려우나
신성 인간성 동물성 식물성 광물성을 함께 지닌 만유(萬有)는 멀리서 미소짓고 있구나

2021.11.24.

助妻沈藏*廣苦也　　조처침장광고야
是食口喜樂年事　　시식구희락년사
誠然奉祖契增味　　성연봉조결증미
以誠努張年健家　　이성노장년건가

집사람이 김장하는 것을 돕는 게 일이 많고 수고스럽구나
이는 식구들이 연중 기쁘게 즐기는 음식을 마련하는 행사인지라
조상을 모시는 것처럼 정성을 다해 맛을 내려 애쓰는구나
이 정성과 노력으로 일 년 건강가정을 베풀다

2021.11.26.

---

* 김장 沈藏

神人動植鑛之比 신인동식광지비
極小神性心別脫 극소신성심별탈
鑛物性是齒爪*骨 광물성시치조골
動植物性人人割 동식물성인인할

만유(萬有)는 모두 신성 인간성 동물성 식물성 광물성을 함께 지니고 있는데 다만 그 구성비율이 문제라

아주 미세한 신성(神性)의 존재로 마음이라는 것이 자리잡아 분별을 일으키고 수행정도에 따라 초탈경도 보여준다

인간이 지닌 광물성의 증거는 바로 이빨 손발톱 뼈이다

인간이 지닌 동물성과 식물성의 비율차이가 사람 사람의 격(格)과 품(品)을 나눈다

2021.11.29.

---

* 손톱 조 爪

覺年末興知時恐 각연말흥지시공
舊棄度*齡歲月壓 구기탁령세월압
非長殘月是旣定 비장잔월시기정
以不顯意當歲甲 이불현의당세갑

벌써 연말이라는, 이러저러한 흥이 느껴지니 평소 더디게 느껴지던 시간의 공포가 새삼스럽구나

나이 헤아리는 것을 버린 지 오래이건만 세월은 그 두께로 눌러대는구나

남은 세월이 길지 않음은 정한 사실일지니

나타나지않음(不顯)의 뜻으로 세월의 갑질을 당하리라

2021.12.01.

* 헤아릴 탁 度

初冬仙遊氣亦穩* 초동선유기역온
初面佖**士亦穩柔 초면필사역온유
老了逢緣望佳親 노료봉연망가친
人入留山是仙遊 인입류산시선유

겨울초입의 선유골도 분위기가 역시 편안하구나
처음 인사를 나눈 점잖은 분들 역시 편안하고 부드럽도다
나이들어 만난 인연 아름답게 친해지고 싶구나
사람이 산에 들어 머무르니 이것이 바로 선유인가 하노라

2021.12.04.

* 평온할 온 穩
** 점잖을 필 佖

風也始姓時用變 풍야시성시용변
丹景寒季家德也 단경한계가덕야
然恒暫老小感何 연항잠노소감하
旦坐脅*點驗是鈹** 단좌리점험시야

풍씨가 모든 성씨의 시초성씨라 하지만 글자는 때에 따라 쓰임에 따라 뜻이 변하는데

단풍은 (나무목변이 붙어) 경치를 이르고 한풍은 불어서 추운 계절을 만들고 가풍은 조상님들이 쌓은 덕을 말해주는구나

그렇다면 항(항상)풍 잠(잠깐)풍 노(늙은)풍 소(어린)풍은 어떻게 느낄 것인가

일단 자리를 정해 앉아서 눈을 감고 지나온 생과 경험을 돌아보자 그러면 다 담겨있는 거울을 볼 것이니

2021.12.06.

* 눈감을 리 脅
** 거울 야鈹

尋延南屋對舊面　　심연남옥대구면
疎絡斷通漫*煙空　　소락단통만연공
如前後如前遵道　　여전후여전존도
誠言涼談追古同　　성언량담추고동

연남옥을 찾아들어 세월 깃든 얼굴들을 대하니

그동안 멀어졌던 연락 끊어졌던 소통 연기와 같이 흩어지고
다시 넘쳐흐르는구나

과거와 같이 나중에도 전과 같이 도덕을 존중하여

정성스럽게 말하네 옛이야기 시원스러워 옛과 다름없구나

2021.12.08.

---

* 넘쳐흐를 만 漫

再會舊朋心輕快	재회구붕심경쾌
憾*憶頑**事蒸如風	감억완사증여풍
從老了而去障壁	종노료이거장벽
初冬親交新伸窮	초동친교신신궁

오랜 벗들을 다시 만나니 마음이 가볍고 유쾌하구나

섭섭했던 기억 고집부린 일들이 바람처럼 (감자탕 김처럼) 날아가는구나

나이들어감에 따라 걸리적거리는 벽이 없어져

초겨울 만나 잔 나누니 다시 새롭고 대화는 끝없이 펼쳐지는구나

2021.12.10.

* 서운해할 감 憾

** 완고할 완 頑

欲停表身如毛膚	욕정표신여모부
又他人事是初亂	우타인사시초란
行不顯意難苦也	행불현의난고야
然操身日省保韓	연조신일성보한
以惘*忘蕭**事除測	이망망소사제측
惘有火水景病常	망유화수경병상
從各時處惘有用	종각시처망유용
惘中有魂是促陽	망중유혼시촉양

개인사(身) 드러내는 것을 멈추려 하나 몸의 피부와 털과 같아서 저절로 나타나고

또한 타인의 일을 말하는 것은 바로 분란의 시초이러니

나타나지않음(不顯)의 뜻을 실천하는 것이 어렵고도 고생스럽구나

그래도 조신하게 날마다 돌아보면서 크고 넓은 품을 지켜가야 하지 않느냐

생각없이 지내면서 서운한 일들 잊어버리고 이리저리 재는 것을 벗어버리면

불멍 물멍 풍경멍 병(걸려)멍 백수멍 백조멍 등 여러 멍들이 있는데

각자 처한 때에 따라 상황에 따라 멍때림은 유용할 것인데

멍때리면서도 혼만 깨어 있으면 그것으로 족하고 밝음을 볼 것이다

2021.12.13.

---

* 멍할 망 惘

** 비뚤어질 소 蕭

有談慾無限無終	유담욕무한무종
恐憂亦從意昌高	공우역종의창고
節慾定心其要答	절욕정심기요답
然面壁流時解乎	연면벽류시해호
日省窮心之教亦	일성궁심지교역
年年歲歲傳話頭	년년세세전화두
摵*教滅話頭成常	색교멸화두성상
能入仙逐**慾恐憂	능입선축욕공우

사람욕심은 한도 끝도 없다는 말이 있는데

두려움과 걱정 또한 마음먹는 데 따라 막힘없이 깃발 높아지는구나

욕심을 다독이고 마음이 흔들리지 않게 하는 것이 정해진 필요한 답이거늘

과연 시간흐름의 강 위에 앉아 면벽수행하는 것이 해결책인가

날마다 돌아보고 마음 다스림에 열중하라는 가르침 역시

세월 무찔러 전해지는 화두이지만

가르침 털어내고 화두를 멸하여 평상심을 이루면

능히 선경에 들어 욕심 두려움 걱정 등을 물리칠 수 있으리라

2021.12.17.

---

* 털어낼 색 摵

** 물리칠 축 逐

有止感調息禁觸 유지감조식금촉
止喜懼哀怒貪厭 지희구애노탐염
調芬爛寒熱震濕 조분란한열진습
禁聲色臭味淫抵 촉성색취미음저
吾衆啻*斟**其奧妙 오중시짐기오묘
德祖深賢意得片 덕조심현의득편
然調息何可不能 연조식하가불능
遠笛疑意修行聯 원적의의수행련

(한민족 유래의 수행법 중) "지감 조식 금촉"이 있는데
'기쁨 두려움 슬픔 노여움 탐함 싫어함'을 멈추고
'좋은향기 기분나쁜냄새 추움 뜨거움 건조함 축축함'을 조절하며
'소리 색깔 냄새 맛 음탕함 살접촉'을 금한다는 것이다
(한민족 후손으로 性通光明을 잃어버린) 나같은 중생으로서는 그 깊고 오묘함을 짐작만 할 뿐인데
조상님들의 어질고 깊은 뜻 덕택으로 진리 조각이나마 얻는구나
그래서 숨쉼조절은 어느 정도 가능하지 않을까
하늘 멀리서 피리소리가 너 정말로 수행에 참여할 뜻이 있느냐고 묻네

2021.12.21.

---

* 뿐 시 啻
** 짐작할 짐 斟

經中一也非名詞 경중일야비명사
名詞拜除時間流 명사배제시간류
置一上時卽動者 치일상시즉동자
然能鉅*境十標規 연능거경십표규

(천부)경 속의 일(一始無始一, 一終無終一의 一)은 (존재, 하나 등을 가리키는) 명사가 아니다.

명사는 시간의 흐름과 경과를 배제하기 때문이다.

시간(흐름)위에 일을 놓으면 일(一)은 움직이는 놈(동사動詞)이 된다.

그래야 십(十)의 경지까지 커나가서 (우주만물을 설명하는) 법규가 나타날 수 있다.

2021.12.22.

---

*클 거 鉅

一含三三歸一者 일함삼삼귀일자
識論曰其人間覺 식론왈기인간각
自初其自造追慾 자초기자조추욕
當無能依三一覺 당무능의삼일각

하나(진리 혹은 우주) 속에 셋(천지인;다른이론)이 깃들어 있고 그 셋은 모여 하나로 돌아간다는 것

인식론은 말하네, 그것은 인간이 (면벽궁구하여 아! 하고) 깨달은 것이라고

애초부터 그렇게(함삼) 찾아나오고도 욕심(錢色名權)을 좇다가

(어찌 할 바를 몰라)

무(라는 개념; 셋은 하나라는 것)를 만나서 셋에 의지하여 존재(하나)를 느끼는구나

2021.12.28.

外虛內空者是天　　외허내공자시천
天無不在無不容　　천무부재무불용
實不在者充滿頭　　실부재자충만두
然善惡正邪判聳*　　연선악정사판용
選人闡**三才整事　　선인천삼재정사
作仰上稱虛空天　　작앙상칭허공천
然上卽善下卽惡　　연상즉선하즉악
借天卽權非卽賤　　차천즉권비즉천

겉도 비어 있고 속도 텅빈 것이 하늘이라
그러면서 하늘은 있지 않은 곳도 없고 감싸지 않는 것도 없다
실제로 존재하지 않는 것이 인간의 머리에 꽉 차있다
그래서 선악정사가 용솟음쳐 시비판단이 갈린다
(오래 전에) 선택받은 인간이 삼재(天地人)를 밝혀내어 세상사를 정돈하고
(고개를 들어) 위를 쳐다보게 하고는 (보이는 범위 내에서는 아무 것도 없는) 허공을 하늘(天)이라 부르게 만들었네
그 결과로 높은 것은 좋은 반면 낮은 것은 나쁜 것이 되고
하늘을 빌면(借) 권세를 얻고 빌(借)지 못하면 천하게 되었느니라

2021.12.29.

---

* 솟을 용 聳
** 밝힐 천 闡

歲時始歲末日沒	세시시세말일몰
年末日夕顝*酌省	년말일석골작성
其別分也無所用	기별분야무소용
離朋過慾事愋**盛	리붕과욕사훤성
省日省胎不顯意	성일성태불현의
經曲坐自未空號	경곡좌자미공호
離朋也時意其乎	리붕야시의기호
施慾也朆***未空乎	시욕야붕미공호

세시는 한 해(年)의 시작을 가리키고 세말은 해넘이(日沒)를 뜻한다는데

한 해의 말일 저녁에 혼자 앉아 잔술에 반성을 섞어 마시자니

세시 이렇고 세말 저렇고 하는 분별이 죄다 소용없고

갈려있는 친구들, 욕심 부려 부끄러웠던 일들이 한탄스럽게도 무성하게 생각나는구나

날마다 반성하고 반성함으로 해서 나타나지않음의 뜻(不顯意)이 생겨났는데

더하여 곡절을 겪으면서 미공(未空)이라는 자작호도 자리잡았는데

벗이 갈려짐은 나이들어 세월이 뜻을 그리 하게 하는 것인가

욕심을 보이는 것은 아직 미공이 이루어지지 못해서인가

2021.12.31.

* 혼자 골 顝

** 한탄할 훤 愋

*** 아직~~하지않을 붕 朆

今夕初捨聲快輕	금석초사성쾌경
是年初三神媼*笑	시년초삼신온소
坐上走黑虎舞蝶**	좌상주흑호무접
過甲村叟***瞀****觀奧	과갑촌수리관오

오늘 저녁은 고수레 올리는 소리(初捨聲; 自作-술을 마시기 전에 삼신할미께 먼저 잔을 올리는 마음의식을 실천할 때 술병입구에서 나는 소리)가 유난히 똘똘거리는구나

이는 연초라서 삼신할미가 웃어주는 소리인가

임인년 달리는 호랑이등을 타고 앉아 나비처럼 춤추시는고

환갑 지난 물정 없는 늙은이 눈 감고 그 깊은 뜻을 보누나

2022.01.03.

---

* 할미 온 媼

** 나비 접 蝶

*** 늙은이 수 叟

**** 눈감을 리 瞀

小寒風不辛何也　　소한풍불신하야
選事有黨訌*譁**乎　　선사유당홍화호
律呂向多産烔***乎　　율려향다산동호
氣變不許節順乎　　기변불허절순호
六旬前念時甯****寒　　육순전염시녕한
感之喜怒同身然　　감지희노동신연
息之寒熱亦同體　　식지한열역동체
觸之臭味是不變　　촉지취미시불변

(대한보다 춥다는) 소한바람이 올해에는 그다지 맵지 않은데 왜 그럴까

선거를 치르는 일을 하면서 어떤(有) 당이 어지럽고 시끄러워서 그런가

(저출산-민족소멸을 해결하려고) 다출산을 향한 꿈틀거림이 뜨거워서 그런가

기상이변이 절기로 하여금 순행하는 것을 허락하지 않아서인가

두 달 전 개천(開天)을 기념할 때에는 차라리 추웠었거늘

기뻐하고 분노를 느끼는 것(感)은 같은 몸이고

춥고 뜨거움을 숨쉬는 것(息)도 또한 같은 몸이거늘

향기 맡고 맛보며 가까이하는 것(觸)은 변하지 않는구나

2022.01.05.

* 어지러울 홍 訌
** 시끄러울 화 譁
*** 뜨거운모양 동 烔
**** 차라리 녕 甯

要創意是有神性	요창의시유신성
期發神初掐*奇心	기발신초도기심
掐者非動非作也	도자비동비작야
觀聽解得意其深	관청해득의기심
觀音額施最高境	관음액시최고경
聽正合開楔狀骨**	청정합개설상골
解者此心運之胎	해자차심운지태
得意者暳***光指率	득의자혜광지솔

사람이 살아가면서 창의성이 요구되는 것은 사람이 신의 품성을 지닌 채 만들어졌기 때문이다.

신의 품성을 발현하려면 먼저 호기심을 꺼내야 하는데

꺼낸다는 것은 (벌써) 무엇인가를 움직이고 만드는 것이 아니다.

무엇인가를 보고 듣고 알아차려 그 깊은 뜻을 얻어야 하는 것이다.

관음이라는 편액들은 소리(音)를 본다(觀)는 것인데, 이는 최고의 경지를 베풀어주는 문구이고

제대로 바르게 들으면 나비뼈를 열리게 하며

알아차린다 함은 생겨난 바의 내 마음을 움직이는 것이고

'뜻얻음'이라는 것은 반짝이는 빛을 따라 같이 가는 것이다.

2022.01.07.

---

* 꺼낼 도 掐

** 楔狀骨 - 나비뼈; 문설주 설 楔

*** 별반짝일 혜 暳

觀音是觀氣發聲	관음시관기발성
鍾之靑聲者何也	종지청성자하야
或得道或醉夢乎	혹득도혹취몽호
七星下誠敬尋鋣*	칠성하성경심야

<관음>이 (삼라만상을 채운) 기(氣)가 발출하는 소리를 본다는 것이면

<푸른 종소리>(김광균시인의 시 “외인촌”)라는 말은 무엇인가

도를 얻어 통하면 되는 것인가 무엇인가에 취하여 꿈을 꾸는 것인가

북두칠성 아래에서 정성을 다해 공경하는 마음으로 거울을 찾아드는구나

2022.01.10.

---

* 거울 야 鋣

作韓詩當二三日　　작한시당이삼일
或寒心或恔*無望　　혹한심혹해무망
是非約束非受課　　시비약속비수과
但以按酒啻**期長　　단이안주시기장

이삼 일마다 한시(현재 우리가 쓰는 한자는 우리 조상이 만들었다고 믿고 있으므로 漢詩 대신 韓詩로 표현함)를 만드는 것은

어떻게 보면 한심하게 여겨지기도 하고 (쓸 때마다) 괴롭기도 하고 장래에 어디에 쓸 것인지 보이지 않는데

이는 (다른 사람과 한) 약속도 아니고 주어진 숙제도 아닌 바

다만 (시 짓는 것을) 안주 삼아 오래오래 지속할 것을 기약할 뿐

2022.01.12.

---

* 괴로울 해 恔
** 뿐 시 啻

有業體管轄增域 　　유업체관할증역
擴至三南年初憁* 　　확지삼남연초총
謀事在人當最善 　　모사재인당최선
成事在天啻**待農 　　성사재천시대농

어떤 거래처의 관리지역이 늘어나
삼남으로까지 넓혀져 연초부터 분주하구나
모사재인이라는 말이 있듯이 최선을 다해야 하고
일을 이루는 하늘의 뜻은 본래 농부의 마음으로 기다릴 뿐

2022.01.14.

---

*분주할 총 憁
**뿐 시 啻

曰健齒是向穩*齒　　왈건치시향온치
爲穩齦**骨無侵先　　위온은골무침선
齒牙持鞕***整光白　　치아지경정광백
但精心血善環鍵****　　단정심혈선환건

사람들이 건치(건강한 치아)를 말하는 것은 편안한 치아를 바라는 것

온치를 위해서는 잇몸뼈가 (여러 충격이나 세균에) 침범당하지 않는 것이 먼저이고

치아 자체가 단단하고 가지런하게 유지되고 하얗게 빛나야 하는 것

다만 (치아가 붙어있는 몸 전체가 스트레스 없이) 깨끗한 혈류가 막힘없이 순환하는 것이 관건 아니겠는가

2022.01.17.

내일 치주과 예약방문을 앞두고

---

* 편안할 온 穩
** 잇몸 은 齦
*** 단단할 경 鞕
**** 열쇠 건 鍵

五福者出處二義 오복자출처이의
範規壽富康事順 범규수부강사순
俗擧壽富貴康孫 속거수부귀강손
酒溶不溶齒誰問 주용불용치수문
齒福者康之根也 치복자강지근야
與舌液咀*嚼**物養 여설액저작물양
然撑***身享****存而行 연탱신향존이행
未空當治齒骨香 미공당치치골향

오복이라는 말 출처에 따라 두 가지 뜻이 있구나
(書經-周書의)홍범편(洪範編)에는 수(壽) 부(富) 강녕(康寧) 유호덕(攸好德) 고종명(考終命) 다섯 가지가 규정되어 있고
통속편(通俗編)에서는 수(壽) 부(富) 귀(貴) 강녕(康寧) 자손중다(子孫衆多) 다섯 가지를 들고 있구나
그런데 한 잔 술이 (오복 중 하나라 하는) 치아를 녹이느냐 녹이지 않느냐 누가 묻는 것인가
오복 중 하나인 치아복은 홍범편 통속편 둘 모두 중시하는 신체건강복(康寧)의 뿌리이라
(치아는) 이웃인 혀, 침과 함께 온갖 음식을 씹고 씹어 양분을 만들어
(사람이) 몸을 지탱하여 존재를 증명하고 여러 가지 인간문명에 도움되는 일을 행하는 것을 누리는구나
그러니 未空이여 치아와 치아뼈를 다스려 향기롭게 해야 하지 않겠는가

2022.01.18.
치과(치주과) 정기검진 다녀와서

<五福의 用處> 새 집을 지으면서 새로 집을 건축하고 상량(上梁)할 때 대들보에 연월일시(年月日時)를 쓰고 그 밑에 "하늘의 세 가지 빛에 응하여 인간세계의 오복을 갖춘다(應天上之三光備人間之五福)"고 쓰는 것이 전통적인 관례이다.

---

* 씹을 저 咀
** 씹을 작 嚼
*** 버틸 탱 撑
**** 누릴 향 享

倫理者內的一線 윤리자내적일선
是非示非觸不同 시비시비촉부동
從人從況線微動 종인종황선미동
靈長當該*通於空 영장당해통어공
道德者外的數線 도덕자외적수선
是典冊號令人行 시전책호령인행
道者元無爲自然 도자원무위자연
德配布無道勿行 덕배포무도물행

윤리는 인간이면 그래야 하지 않느냐 하는 (양심 자존감 등) 각자 마음 속에 그어놓은 선이라

이는 보이지도 않고 만져지지도 않으며 사람마다 사회집단마다 다르구나

사람에 따라 상황에 따라 그어놓은 선은 (파르르 떨면서) 미세하게 움직이는데

만물의 영장인 인간이면 갖추어야 할, 우주의 마음(空)에 닿는 통로라

도덕은 사람이 그 시대를 살아가는 데 있어 외부에서 과(課)해지는 수많은 선(긋는 금)이라

이는 법전과 수많은 교과서가 사람에게 이리 저리 하라 호령하는 것인데

도는 원래 (老子 우리조상할배님이 말씀하셨듯이) 무위자연(無爲自然)이고

덕은 베풀어보듬고 도가 없으면 행하지 말아야 할 것이라

2022.01.19.

---

* 갖출 해 該

宣*政猶器人猶道　　선정유기인유도
國猶形史猶魂言　　국유형사유혼언
器或大小道不變　　기혹대소도불변
形應時況魂明健　　형응시황혼명건

정치는 그릇과 같고 사람은 도와 같으며

국가는 형체와 같고 역사는 혼과 같다고 (행촌 이암선생님께서 동서고금의 명문장 <단군세기 서문>에서) 널리 펼쳐 선언하신 말씀은

그릇은 상황에 따라 또 용도에 따라 커졌다가 작아졌다 할 수 있지만 도는 그렇지 않아 변할 수 없어서 헤매지 말아야 하고

형체는 말 그대로 시대 따라 상황 따라 커졌다 작아졌다 이 모양 저 모양 할 수 있지만 (개인이나 집단이나 사회를 버티어주는) 혼은 밝고 건강하게 지켜나가야 함을 가르쳐주심이라

2022.01.21.

---

* 베풀 선, 공표할 선 宣

正道經營倫德長	정도경영윤덕장
道今二十二光去	도금이십이광거
經者向外誠謙實	경자향외성겸실
營者對內則檢序	영자대내칙검서

기업을 바르게 영위해나간다 함은 법규 등이 외부에서 과해지기 이전에 마음에서 우러나오는 윤리의식(경영철학)을 바탕으로 베풀고 보듬어 수명을 길게 가져가는(going concern) 것

이제 이십 이 년을 헤아리는 길이 빛의 속도로 흘러갔구나

외부 거래처에 대하여는 계약서 내용을 넘어 자체의 성실과 겸손으로 결과를 만들어내고

내부적으로는 규칙을 존중하고 항상 스스로 검증하여 업통(業統 ; 序)을 세워 유지하는 것

2022.01.24.

性於心姓緣血也　성어심성연혈야
然母系之德大廣　연모계지덕대광
性與姓不二而差　성여성불이이차
前個後同之悠長　전개후동지유장

성품은 마음에서 비롯되고 성(女+生)씨(氏)는 핏줄이음을 가리킨다
그렇구나 어머니 계통이음 그 덕이 크고 넓구나
성품과 성씨는 원래 다르지 않은데 차이가 나는구나
전자는 개별적이고 후자는 <모두함께>이니 그 구분이 오래 지속되는구나

2022.01.24.

望遠延南屋舊面	망원연남옥구면
汝何持貴意之今	여하지귀의지금
我月水金鎖*韓詩	아월수금쇄한시
視情分氣其淸音	시정분기기청음

망원동 연남옥에서 옛친구를 만났네

너는 어찌 그 귀한 뜻을 지금까지 지켜왔느냐

나는 월요일 수요일 금요일 한시(원래 한자는 우리 韓民族의 조상님들이 만들었다고 믿기 때문에 漢詩가 아니라 韓詩로 씀) 짓기에 갇혀 있는데

정을 보고 분위기를 나누니 (나누는 이야기가 모두) 맑은 소리구나

2022.01.25.

---

* 잠글 쇄 鎖

疫風下名節蕭潛	역풍하명절소잠
國位先進士氣苦	국위선진사기고
疫與士氣非俱衍	역여사기비구연
名節如先進興乎	명절여선진흥호

전염병 도는 명절분위기가 쓸쓸히 가라앉았구나
나라는 선진국이라 하나 사람들의 기개는 떨쳐 일어나는 것이 어렵네
전염병과 기개는 함께 펼쳐나갈 사항이 아니지만
명절은 선진국이 됨과 같이 흥겨워야 하지 않겠는가

2022.01.28.

壬寅黑虎舒*身廣 임인흑호서신광
虎也獸之首忙閑 호야수지수망한
黑也終而始是吉 흑야종이시시길
適時從況仕**人間 적시종황사인간

임인년 신시개천 5,919년 새해 까만 호랑이 크게 기지개 켠다
호랑이는 금수의 왕이라 바쁘기도 하고 한가롭기도 한데
흑(黑)은 종(終)이고, (여기에 시(時間)가 보태져) 시(始)로 변하는 고로 이는 길(吉)하니
때에 맞추어 상황에 따라 사람들(人) 사이(間)(의 제반 이해관계)를 섬기리라

2022.02.02.

---

* 펼 서 舒
** 섬길 사 仕

立春寒風𤞞*氣期 입춘한풍멸기기
律業呂事從欲意 율업려사종욕의
修衍者待風臺臨 수연자대풍대림
過此節行豈不義** 과차절행기불의

입춘 찬 바람에 (봄)기운과 (그 계절에 펼쳐질 따뜻한) 기대가 실려오는구나
직업과 하루 할 일을 나름 하고자 하는 마음이 나름나름의 소통(律呂)을 이어가는데
갈고 닦음과 펼쳐나감이 (봄)바람을 기다리고 (삼신할메가) 깃들 자리를 마련하는 것이라면
이 절기매듭을 이렇게 보내는 것이 어찌 옳다 하지 않겠는가

2022.02.04.

* 업을 멸 𤞞
** 옳을 의 義

待好轉有狀況者 대호전유상황자
非停點流時堅變 비정점류시견변
吾待外無非動態 오대외무비동태
存非存動蝕增緣 존비존동식증연

어떤 상황이 바람직한 쪽으로 변하는 것은 항상 좋다. 그것을 기다린다는 것!

(기다림은) 어떤 가치(點)에 머물러 (귀중한) 시간을 흘려보내는 것이 아니라 (내부적으로든 외부적으로든) 변화를 버텨내는 것(堅變)이다.

내가 기다릴 때! 나 말고는 움직이지 않는 것은 없고 모양이 변하지 않는 것이 없다 ('기다림 = 無變'을 기대하는 것은 착각)

세상에 있는 모두(存非存)는 움직여서 깎이고 불어나고 (그러면서) 인연(으로 설명)되는 것

2022.02.07.

有談旭好薰歲同 유담욱호훈세동
老夫婦樂光謠存 노부부락광요존
哲絶節召舊情安 철절절소구정안
寶靈七招無成溫 보령칠초무성온

마젤란 소장 영욱이가 나훈아를 좋아한다는 말이 있는데 나이가 그렇다면 그런 것이지
즐겨부르는 김광석 노부부노래가 너의 존심이구나
남철이 마디를 끊고 옛정을 불러오느니 편안하구나
보령 칠갑산이더냐 어디 칠갑산이더냐
너를 불러도 따뜻함은 이루어지지 않는구나

2022.02.09.

固執讚歌

固意出刊韓詩集	고의출간한시집
執念於小空息滿	집념어소공식만
讚作而批之遞*揮**	찬작이비지체휘
歌房月水金日閑	가방월수금일한

한시(韓詩)를 분량 있게 써서 이를 시집으로 묶어 펴내겠다는 굳은 마음은 마음이고

내가 속해 있고 인식하는 작은 우주(小空)에서 (온갖) 개념들을 잡아꺼내는 것이 벅차구나(息滿)

한시 짓는 것 칭찬과 비판으로 의견들이 갈리고 또 금세 잊혀지는데

월수금요일에 찾는 노래방이 날에 따라 한가하구나

2022.02.11.

---

* 갈릴 체 遞

** 휘두를 휘, 휘발 휘 揮

還故邑業事奔走　　환고읍업사분주
故是故業即業眞　　고시고업즉업진
難與亂元非同似　　난여란원비동사
然然然凡皆集隣　　연연연범개집린

옛고향에 돌아와 사업자락을 펼치려 하니 마음이 분주하구나
고향은 고향이로되 사업은 사업, 이것이 진리인 것인가
어려움과 어지러움 이 둘은 원래 다르면서도 닮았네
고향 그렇고, 사업 그렇고, 어렵고 어지러운 단계도 그렇고 다 거기서 거기, 그래서 이웃이려니

2022.02.14.

거래처 중 호남지역의 매장관리를 새로 맡으며

疫傳無限閉關緣	역전무한폐관연
無狀無熱以無用	무상무열이무용
疑路弱心空是空	의로약심공시공
望雨水一滴容溶	망우수일적용용

코로나전염병이 한없이 퍼져 관계와 인연들이 폐쇄되는데

증상도 없고 열도 나지 않는데도 폐쇄에는 소용없구나

경로를 의심하고 마음을 약하게 하는 것을 반복하다 보니 우주가 그야말로 비어버리는 상황에서

우수절기 지나 내리는 한 송이 눈 한 방울 비를 그리는 것처럼 떨어져 지내는 관계 모두 포용하고 폐쇄된 벽 모두 녹여버리리라

2022.02.23.

時過飛矢當六六　　시과비시당육육
鮮熱意散倖*氣孤　　선열의산항기고
青寒額**戴皺***慾滓****　　청한액대추욕재
然寒頭皺面兩吾　　연한두추면양오

시간은 시위 떠난 화살에 실려 흘러가 이제 나이 예순 여섯
젊을 때의 곱고 깨끗한 뜻은 어언 흩어지고 선비(꼰대)의 뻣뻣한 기운만 외로운데
시원하고 푸르렀던 이마는 이제 욕심찌꺼기가 내려앉은 주름살을 이고 있구나
그렇다고 해도 서늘했던 머리도 나, 주름진 얼굴도 나 - 이것은 변함없는 사실

2022.02.25.

---

* 뻣뻣할 항 倖
** 이마 액 額
*** 주름질 추 皺
**** 찌꺼기 재 滓

無不在無不容者 무부재무불용자
外虛內空天之狀 외허내공천지상
狀卽動無止不停 상즉동무지불정
俗屬何暗空之網 속속하암공지망

존재하지 않는 곳도 없고 감싸지 않는 것도 없다는 (三一神誥 天空編)의 말은

바깥도 비고 속도 비었다(外虛內空)는 하늘의 덕(德=狀)을 이름이라

상(狀)은 움직임의 시작과 결과를 나타내니 곧 동(動)이라 멈춤이 없고 한 순간도 머무르지 않는다는 뜻인데

(불타는 우크라이나와 서울의 노래방이 공존하는) 지금의 이 속세는 블랙홀(暗空) 그물의 어디(안쪽? 바깥쪽?)에 위치해있는 것일까?

2022.02.28.

吾命與山川之氣	오명여산천지기
是命之始非當價	시명지시비당가
當爲證天神無礙*	당위증천신무애
價値改善各天下	가치개선각천하
性命精在一體者	성명정재일체자
感性而持天心羅	감성이지천심라
息命而不忘吾由	식명이불망오유
觸精而謀**天心河	촉정이모천심하

나의 목숨이 (우주)산천의 기와 함께한다 함은(檀君世記序 중 "기성지영각야여천신동기원 其命之現生也與山川同其氣 기정지영속야여창생동기업야"에서 인용)

목숨의 시작점을 말함이지 목숨의 당위나 가치를 말하는 것이 아니다.

목숨의 당위는 하느님의 무애함(존엄, 고귀함, 연민 등 천부적 개념)을 증명하는 것이고

목숨의 가치는 내가 속한 세상 각각에서 조금이라도 나아지도록 노력함에 있다.

성품과 목숨과 정기가 내 한 몸에 깃들어 있다는 것은

성품을 느껴 하느님의 뜻(天心)이 어디에든 존재함을 지켜나가고

생명을 숨쉼으로써 내가 존재하는 이유를 잊지 않으며

정기를 누림(三一神誥 중 人物편의 觸聲色臭味淫抵 부분을 해석)으로써 하느님의 뜻이 끊어지지 않고 강물처럼 도도히 흐르도록 애쓰라는 것 아닌가

2022.03.04.

---

* 거리낄 애 礙

** 꾀할 모 謨

福出於定心不變　　복출어정심불변
尋心周心坐心先　　심심주심좌심선
是防之心片漏搖　　시방지심편루요
後治心誠心盈線　　후치심성심잉선
此序下福來不來　　차서하복래불래
又何時來不可見　　우하시래불가견
只吾見不見出福　　지오견불견출복
要定誠心見福言　　요정성심견복언

복은 한 마음으로 안정되어 변하지 않는 데에서 생겨나니
마음을 찾아서 경계를 밝히고 주저앉히는 것이 먼저라
이는 마음조각이 경계를 새어나가 (한 마음이) 흔들리는 것을 방지함이라
이후 마음을 다스리고 성심(誠心)이 (神人의) 경계선을 찰랑이도록 하는 순서라
이 법도에서 복이 오느냐 오지 않느냐
그리고 언제 오느냐는 알(볼見) 수 없는 것이고
다만 생겨난 복을 내가 보느(見)냐 보지 못하느냐인 문제이리라
요컨대 (경계가 밝혀진) 마음을 정하고 성심을 다함으로써 복을 본다 말할 수 있을 것이라

2022.03.14.

誠心者元向兩階　　성심자원향양계
其一整心定吾追　　기일정심정오추
欲整須*停時坐暗　　욕정수정시좌암
定須選心派端守　　정수선심파단수
其二客須勿失端　　기이객수물실단
盖人重客於本優　　개인중객어본우
守端於衆客攀攀**　　수단어중객반반
勿忘持境論誠後　　물망지경론성후

(앞에 말한) 성심은 원래 두 가지 단계를 향하는 말이다
첫째는 마음을 가지런히 정돈하고 (내가 누구이고) 무엇을 추구하는지를 정하는 것이다
마음을 정돈하려면 내 마음 속에 흐르는 시간을 정지시키고 눈을 감고 (어둠 속에) 앉아야 하고
내가 추구하는 바를 정하려면 마음갈래의 끄트머리를 선택하여 지켜야(잃지 말아야) 한다
두 번째 단계는 잃지 말아야 할 나의 마음끄트머리를 객(손님; 남)화하는 것이다
대개 사람은 나 자신(本)보다 손(客)을 중히 여겨 대우하거늘
여러 손(객)들 중에서도 선택한 마음끄트머리(이 또한 객)를 지키고 부여잡아
잃어버리고 잊어버리는 일 없이 이 경지를 유지함으로써 성심 이후를 논할 수 있을 것이라

2022.03.16.

---

* 모름지기 수 須
** 부여잡을 반 攀

狂風荒去要考一	광풍황거요고일
選者名音何國文	선자명음하국문
盖名與音合而順	개명여음합이순
過些少救國詂*運	과사소구국부운

대통령선거의 광풍이 휩쓸고 지나갔어도 생각해야 할 사항 하나

당선자 이름을 발음하는 것이 어느 나라 문법인고 (윤석열로 쓰고 많은 사람들이 [윤성녈]로 발음들을 하는데, [윤서결]로 발음해야 대한민국의 국어문법에 맞는 것 아닌가?)

대개 만유(萬有)는 그것에 맞는 또는 그리 하고 싶은 이름과 그 이름의 발음이 규칙에 맞게 이루어져야 이치에 맞는 것

사소한 것을 그냥 대충 지나치고 나라 구하는 것은 운으로 돌릴 것인가

2022.03.18.

---

* 핑계댈 부 詂

宇宙與天下何異 우주여천하하이
宇宙無邊吾無存 우주무변오무존
天下吾欲之境內 천하오욕지경내
天之交處汝我混* 천지교처여아혼
宇宙保各小天動 우주보각소천동
勿駁**各天之寒溫 물박각천지한온
顧我天之始望努 고아천지시망노
抱***通育異天相尊 포통육이천상존

우주와 천하는 어떻게 다른가
우주는 끝이 없고 나의 존재여부가 불필요하지만
천하는 유한하게 존재하는 하늘의 아래를 가리키므로 우리(吾)가 하고자 하는 바의 범위 이내이라서
각자의 하늘이 겹치는 부분에서 너와 내가 (하고자 함이 동시대에) 섞여 있는데
우주가 각각의 작은 하늘(天下)들이 돌아가도록 지켜주는 만큼
각각의 작은 하늘이 차가운지 따뜻한지 싸우지 말고
내가 속한 작은 하늘 아래에서 처음 품었던 희망과 그동안의 노력들을 돌아보고
다른 하늘(아래에서 나와 다른 모습을 가진 사람들)을 품고 소통하고 가르쳐서 서로 같이 존중해야 하지 않겠는가

2022.03.22.

---

* 섞일 혼 混
** 싸울 박 駁
*** 안을 포 抱

立春後整田多勞	입춘후정전다로
栽育作物超消日	재육작물초소일
非業而觀生長畏	비업이관생장외
負身痛期樂分實	부신통기락분실

입춘 지나 밭을 (지면이 낮은 곳에 연탄재 가져다 깨뜨려 깔고 쟁기질하듯 삽으로 뒤엎고, 쇠스랑으로 고르고, 퇴비와 비료를 뿌리는 등 무언가 작물을 심기 위해) 정돈하는 데 힘들여 할 일이 많구나

작물을 심고 키운다는 것이 소일거리를 넘어서는 일이고

직업이나 사업이 아니라도 움트고 싹이 나와 커가는 것을 보는 것은 또 경외로운 일 아닌가

그리하여 허리 어깨 다리 아픈 것을 부담하며 작물의 과실을 나누는 낙을 기대하노라

2022.03.23.

用不用論當人生	용불용론당인생
修道時熟偈*態悟	수도시숙게태오
作業時頻具序成	작업시빈구서성
只不踏細路顯乎	지불답세로현호

(오래 전 진화 논쟁에서 제기된) 용불용설은 사람살이에도 딱 맞는 말이구나

길을 얻기 위해 몸과 마음을 닦는 때에도 자주 외우는 게송과 자주 취하는 자세가 깨치는 데 도움이 되고

어떤 작업을 할 때에도 자주 사용하는 도구를 순서에 맞게 사용해야 완성도가 높아지는 것

다만 가보지 않은 길 그 가느다란 길은 (또다른 진화를 위해) 나타날 것인가

2022.03.25.

---

* 쉴 게 偈(偈頌)

早春強風網*再襟　　조춘강풍망재금
從閉襟嘗春心緛**　　종폐금상춘심연
溫景***微風乃來乎　　온경미풍내래호
欲胂****感生氣滿然　　욕신감생기만연

이른 봄 세찬 바람에 옷깃을 다시 여미네
여며지는 옷깃 따라 봄을 느껴보려는 내 마음도 쪼그라드는구나
따뜻한 볕과 살랑이는 바람은 곧 오려는가
기지개 활짝 켜고 삼라만상의 생기가 우주에 가득 차있는 것을 느끼고 싶구나

2022.03.29.

* 여밀 망 網
** 쪼그라들 연 緛
*** 볕 경 景
**** 기지개켤 신 胂

奡*芽湧花嬅**緛***然	면아용화화연연
會而別遠而近難	회이별원이근난
予鈍坐望汝事繹****	여둔좌망여사역
予玉汝雲何時盞	여옥여운하시잔

봄이 되어 보이지 않던 땅속의 싹이 솟아오르고 꽃이 탐스럽게 피었다가 쪼그라드는 것은 그대로인데

만났다가 헤어지고 멀리 있던 정이 가까워지는 것은 종잡을 수 없어 어렵구나

나는 둔하게 주저앉아 너의 일들이 잘 풀려나가기를 바라거늘

나는 옥수수(노래방)에 있고 너는 구름타고 있으니 언제 만큼 잔을 나눌 것이냐

2022.04.01.

---

* 보이지않을 면 奡
** 탐스러울 화 嬅
*** 쪼그라들 연 緛
**** 풀(릴) 역 繹

筑*梢**駙***淡綠農場　　축초부담록농장
整頃****栽藷*****後蓋黑　　정경재저후개흑
良日下接雨招風　　양일하접우초풍
締*茂𦓬**許分喜得　　제무면허분희득

능수버들 가지끝마다 연두빛 옷을 입은 주말농장
밭의 두둑 돋우고 고랑 다스려 감자를 심고 까만 비닐을 멀칭했네
따스한 볕 아래 때로는 많은 비를 맞이하기도 하고 바람을 불러 흔들거려서
비닐 아래 보이지 않는 곳에 무성하게 알 맺혀 나누는 기쁨을 얻을 수 있게 하라

2022.04.04.

---

* 능수버들 축 筑
** 나무끝 초 梢
*** 옷입을 부 駙
**** 이랑 경 頃
***** 감자 저 藷
* 맺을 체 締
** 보이지않을 면 𦓬

誓效詞曰均平位 서효사왕균평위
今與野保進滅鬪 금여야보진멸투
不認過去倭能事 불인과거왜능사
反芻歷史去民憂 반추역사거민우
有陣多意是常善 유진다의시상선
整意引共時表走 정의인공시표주
克倭他族之邪慾 극왜타족지사욕
奉祖深考斯民救 봉조심고사민구

(우리민족 최초 역사서인) 서효사(일명 신지비사)에서 이르기를 (47분 단군님들께서 2,096년 동안 다스리신 단군조선 시대의 진한, 마한, 변한 3조선의 국정과 협조관계가) 균형을 이루는 것이 중요하다 하였거늘

오늘날 여당과 야당이, 보수와 진보가 마치 적을 절멸시킬 기세로 싸움질을 일삼는데

과거사를 인정하지 않는 것은 왜놈들이나 밥먹듯이 하는 일

조상님들의 빛나는 역사를 되돌아보고 백성들의 근심을 잠재워야 하고

일을 도모하는 진영들이 있고 많은 의견이 분출하는 것은 언제나 그러하지만

다양한 의견들을 모으고 정돈하여 이 시대의 좌표를 끌어내어 달려나가야

왜놈들을 포함한 다른 족속들의 간사한 욕심들을 극복하고

조상님들의 속깊은 오래된 조처(考)를 받들고 이 민족을 구할 것 아닌가

2022.04.06.

夫俗事必有境界	부속사필유경계
境界非望是合意	경계비망시합의
過小招批不誠熱	과소초비불성열
過大表愚慾不義	과대표우욕불의
盖合意關俗事線	개합의관속사선
線非勿過相通喜	선비물과상통희
卽線在心中來往	즉선재심중래왕
故管境協各創希	고관경협각창희

대체로 세상일에는 반드시 경계가 있게 마련이다.

경계란 사람의 기대나 희망수준이 아니다. 사람들이 합의한 바이다.

(어떤 일의 결과가) 합의수준에 이르지 못하면 성실하지 못하고 일에 열정이 없다는 비판을 불러오고

합의한 바를 넘으면 어리석음과 욕심과 의롭지 못함을 드러내게 된다.

대개 합의는 세상사의 여러 금(선線)과 관계되는데,

그 선은 넘지 못할 바가 아니라 서로 소통하고 기쁨을 만드는 통로이다.

뭐냐면 선(線)은 마음에 머무르면서 사람들의 뜻이 모였다가 흩어지도록 하는 통로이다.

그러므로 경계를 관리한다 함은 서로가 각자의 새로운 생각들을 희망으로 향해가도록 서로 협의하는 것 아닌가?

2022.04.11.

貧雪嗇*雨招山火　　빈설색우초산화
微炼**淩***惡風荒瞬　　미선릉악풍황순
乾木燥****草失機蘇　　선목조초실기소
依麓*****短袖仰嘆運　　의록단수앙탄운

겨울 빈약한 적설량과 인색한 초봄비로 산불이 도처에 일어나는구나
미약했던 불씨가 쓸 데 없이 세게 부는 바람에 올라타고 번져서 순식간에 황무지를 만드는구나
마를대로 마른 초목이 다시 싹틔워 잎 내고 꽃 피울 기회를 잃고
산기슭에 의지해 땅때기 부쳐먹던 선한 백성들은 하늘 우러러 운을 탓하는구나

2022.04.13.

---

* 아낄 색 嗇
** 불씨 선 炼
*** 올라탈 릉 淩
**** 마를 조 燥
***** 산기슭 록 麓

龍頭春夕花園開
主準接客素*奔奔**
小白犬才弄挑***興
待滿開卉花蓄焄****

용두춘석화원개
주준접객소분분
소백견재롱도흥
대만개훼화축훈

용두동 초봄 따뜻한 저녁 화원의 문을 열어
주인은 손을 맞으러 술자리를 갖추느라 바쁘기만 한데
하얀 강아지 재롱이 주흥을 돋우고
활짝 만개를 기다리는 화초들은 향내를 가득 모으고 있네

2022.04.15.

---

* 본디 소 素
** 달릴 분 奔
*** 돋울 도 挑
**** 향내 훈 焄

神保敦見木葬地	신보돈견목장지
養厚沃獸木禽昌	양후옥수목금창
知不知誰湮*德後	지부지수인덕후
暫考不求道獨當	잠고불구도독당
萬有者獨當不立	만유자독당불립
勿吾後萬有青常	물오후만유청상
論此駁彼是人生	논차박피시인생
咸感笑騷是來往	함감소소시래왕

하느님이 도탑게 보우하사 (자연으로 돌아가는 방법 중 하나인) 수목장 터를 보았노니

두텁고 기름지게 가꾸어 나무와 짐승과 새들이 번성케 하는 것은 당연하지만

과연 누가 묻혀 후손들의 덕을 비는지 알든 모르든

혼자만의 도를 구하지는 않는다는 업을 잠시라도 생각하라

만유(우주 또는 세상만사)는 문자 그대로 혼자만으로는 성립될 수 없다는 것을 가리키지만

나 아니고(가고) 난 후에도 나를 제외한 모두는 그대로 푸릇푸릇 존재할 바

이것 따지고 저것 공격하는 것이 인생사라 하더라도

함께 느끼고 웃고 떠드는 것이 왔다가 가는 잠깐 인생의 순리 아닌가

2022.04.18.

---

*문힐 인 湮

天玄默普圓眞一　　　　천현묵보원진일
地蓄藏效圓勤一　　　　지축장효원근일
人知能擇圓協一　　　　인지능택원협일
吾向弘益人間一　　　　오향홍익인간일

하늘은 아득하고 고요하여 닿지 않는 곳 하나 없이 두루 원만하게 하면서 만물을 참됨 그 진리로 하나 되게 하고

땅은 하늘의 기운을 모으고 갈무리하여 하늘의 뜻을 본받아 원만하게 하면서 한 순간도 쉬지 않고 만물을 길러내어 하나 되게 하며

인간은 (생겨난 이유가) 지혜와 능력으로써 올바른 선택을 하면서 서로 협력하여 하나 되려 하는 것이니

우리들은 (하늘의 뜻과 땅(자연)의 수고로움을 본받아) (인간과 자연을 위해) 서로 널리 이롭게 되도록 애씀으로써 하나되는 방향으로 나아가야 하지 않겠는가

2022.04.20.

(47분 단군님들께서 다스리신 2,096년 단군조선 역사 중 제11대 도해 단군께서 당시 백성들에게 사람 사는 도리를 깨우쳐주신 念標文 65자를 28자로 떠올림.)

得粮扁柏林完屏	득량편백림완병
是親先見乘時勞	시친선견승시로
栽飛千里坐仙遊	재비천리좌선유
去商農心待雨露	거상농심대우로

전라남도 보성군 득량면에 있는 편백나무숲은 이제 병풍을 완성하였구나

이는 선친의 앞을 내다보는 안목을 바탕으로 시간흐름을 견디고 올라탄 끈기와 노력이로다

그 묘목이 천 리를 옮겨와 경기도 고양시 덕양구 선유동에 자리를 잡는구나

이득을 생각하는 상업목적을 버리고 농부의 마음으로 비와 이슬이 내려 묘목이 편백으로 자라게 하기를 바라노라

2022.04.25.

治山要吾往來路	치산요오왕래로
先設所置切雜木	선설소치절잡목
定中間枝點置廢	정중간지점치폐
管地區域順增綠	관지구역순증록

산가꾸기를 하려면 내 소유지 안에서도 내가 왔다 갔다 할 길을 만드는 것이 필요하구나

먼저 베어낸 잡목을 보관할 장소를 소유지 어느 곳에 정하여 설치하고

그 장소에 이를 수 있도록 군데군데 중간 갈랫길에 임시 폐목 보관장소를 정한 다음

마음속에 정한 구역 순서로 땅을 관리하여 산에 보기 좋은 푸르름을 더하리라

2022.04.27.

疫勢衰殘人氣活	역세쇠잔인기활
是適應力進一步	시적응력진일보
似春在心中非天	사춘재심중비천
斂*襟**踏敦相登高	렴금답돈상등고

2년여 기승을 부리던 코로나 역질의 기세가 쇠잔해지니 사람들의 기운이 활발해지는구나.

이는 인간의 적응력이 한 걸음 더 나아간 것일 뿐 역질이 스스로 무엇인가를 양보한 결과는 아니다.

봄다움은 그것을 느끼는 사람들의 마음속에 있는 것이지 봄을 시새우는 잠깐의 비나 바람을 탓할 것은 없다.

다만 옷깃을 여미고 현재의 상황을 두텁게 디디고 서로 어울려 한 단계 더 높이 오르자!!

2022.04.29.

* 거둘 렴 斂

** 옷깃 금 襟

扁柏精神者何也	편백정신자하야
先當貢有用木材	선당공유용목재
其散健康香物質	기산건강향물질
與成盛林景眼開	여성성림경안개
只苗態無力要助	지묘태무력요조
子坐養土雨陽對	자좌양토우양대
牙*拓路散策跌**話	아척로산책질화
長久先哲伸未來	장구선철신미래

편백정신이라 할 만한 체계가 현재 갖추어졌는지 모르지만, 생각해보자면 무엇일까?

우선 편백은 당연히 사람에게 유용한 목재를 제공한다.

그리고 사람의 건강에 도움이 되는 향기와 물질을 발산한다.

더불어 편백은 장성하여 숲을 이루면 한 풍경을 만들어내어 이를 보는 사람들의 눈을 틔워준다.

다만 이러한 편백도 다른 나무와 마찬가지로 묘목상태에서는 힘이 없고 도움이 요구된다.

씨앗이 양질의 토양에 자리를 잡아 비와 햇볕을 맞이하고

고라니가 수풀에 없던 길을 내고 산책하면서 중편백을 건드리고 서로 내밀한 대화를 나누는 시절을 지나

기나긴 시간에 걸쳐 앞을 내다보는 생각과 철학이 미래를 펼쳐 가는 것이 편백정신 아닐까?

2022.05.02.

---

* 고라니 아 牙

** 건드릴 질 跌

手坪野山是一林	수평야산시일림
管地營木同陜廣	관지영목동협광
巨景綠青內不見	거경록청내불견
微局騷雜生氣旺	미국소잡생기왕
乾古棌*端引小芽	건고채단인소아
枝草叢所牙**來往	지초총소아래왕
底上腐古下菌茂	저상부고하균무
歎山川之氣敦滉***	탄산천지기돈황

손바닥만한 평수 좁은 야산일망정 이도 수풀의 일부라

잡목을 베어내고 땅을 관리하며 바람직한 수종의 나무를 키우는 일은 땅의 넓고 좁음과는 무관하구나

전체로 보면 수풀은 푸르고 또 푸르기만 하여 그 속에 사는 짐승과 생명들은 보이지 않지만

작업 도중에 보이는 장면 장면들은 소란스럽고 잡다하여 그 생기가 왕성하구나

오래되어 보이는 마른 참나무를 베어내려 하니 마른가지 끝에 작은 새싹을 달고 있고

잔가지와 풀로 더부룩해진 곳을 치우려 하니 고라니가 고단한 다리를 끌고와 쉬어간 흔적이며

바닥에 누운 썩은 고목을 들어내니 고목바닥에 이름 모를 버섯이 무성하구나

감탄하노라! 모든 생명을 낳고 품고 길러내는 산천의 기(其命之現生也與山川同其氣), 그 두텁고 깊음이여!

2022.05.06.

---

* 참나무 채 棌

** 고라니 아 牙

*** 깊을 황 滉

立夏之節農作奔　입하지절농작분
非多年草苗面善　비다년초묘면선
別期勞不知天氣　별기로부지천기
呰*手硬謀裝事煩　자수경모장사번
觀芽萌枝镺**神異　관아명지오신이
自現獨長理如線　자현독장리여선
水時眷***頻****待收實　수시권빈대수실
望併分喜新裕繙*****　망병분희신유번

여름이 시작되는 시절이라 농사일이 분주해지는구나
다년생이 아닌 여러 작물들의 모종이 낯익은 표정으로 나를 반기는데
나의 기대나 노력과는 별도로 비와 가뭄이 올해에는 어떠할지 알지 못하므로
서투른 손놀림과 유연하지 못한 꾀로 농사일이 번잡한 것처럼 꾸미노니
파종한 씨가 싹트고 가지줄기가 자라나는 것을 보는 것이 신기하고 이채로울 뿐
보이지 않던 것이 땅속에서 스스로 고개 내밀어 나타나고 홀로 커가는 자연의 이치는 마치 선을 그어놓은 것처럼 오차가 없구나
때에 따라 물을 뿌려주고 (작물은 돌보는 사람의 발걸음 소리를 듣고 커간다는 말도 있듯이) 자주 돌보면서 따낼 만큼의 때를 기다려
지인들과 아울러 나누는 기쁨이 때마다 새롭고 넉넉하며 계속 이어지기를 바라노라

2022.05.09.

---

* 서투를 자 呰
** 자라날 오 镺
*** 돌볼 권 眷
**** 자주 빈 頻
***** 되풀이할 번 繙

其本之均一無限　　기본지균일무한
有草從處得名效　　유초종처득명효
菜田內分雜去捨　　채전내분잡거사
藥材床明稱要巧　　약재상명칭요교
此異人期欲所以　　차이인기욕소이
吾取何業言行了　　오취하업언행료
選時擇所定果來　　선시택소정과래
意乘根展面河橋　　의승근전면하교

만물이 타고난 근본은 종에 따라 큰 차이가 없고 부여받은 성질이 하나로서 확장성은 한계가 없다
예컨대 풀은 생겨난 장소에 따라 이름과 쓰임새가 달라진다
사람들이 애써 길러 뜯어먹는 소채밭에서는 목적하는 풀 이외에는 잡초로 분류되어 제거되고 버려진다
같은 풀도 약용식물을 재배하는 약재상의 채상에서는 사람들이 다들 아는 분명한 명칭으로 대접받고 정교한 취급을 필요로 한다
이러한 차이는 사람들이 기대하고 바라는 바에 따라 발생하는 것으로
인간사에 비유하자면 사람들이 어떤 업을 취하는가에 따라 필요한 태도와 언행의 선택은 정해지는데
때를 가리고 장소를 여며봄으로써 목적한 바의 성과와 그 일의 미래가 정해지는바
(나타나지 않는다는) 뜻이 본성뿌리에 걸터타고 계속해서 뻗어나가 은하수 건너는 다리를 만나리라

2022.05.11.

不現非拒俗生揆*
得道不免人本理
勞知分節慾調息
筋關循活觀其祕

불현비거속생규
득도불면인본리
노지분절욕조식
근관순활관기비

생활모토를 <나타나지 않음>으로 정했다 하여 속세를 살면서 시시비비를 헤아리는 것을 거부하는 것은 아니다

도를 깨쳤다거나 만인이 선망하는 지위에 올랐다 하여 먹고 배설해야 하는 인간의 기본생리가 면제되는 것은 아니다

분수를 알아차리려 애쓰고 욕심을 다스려 순하게 하며 산천의 기를 받아들이고 뱉어내는 것을 그 목적에 맞게 조절함으로써

근육과 관절과 그를 돌고 도는 혈액과 기의 순환이 활발해져서 무한우주의 먼지만한 존재의 숨은 뜻을 볼 수 있으리라

2022.05.13.

---

* 헤아릴 규 揆

株式與扁柏相似 주식여편백상사
投資書勸長期眼 투자서권장기안
治林所得要人生 치림소득요인생
擔時持的難中幹 담시지적난중간
別有狀況本物失 별유상황본물실
選期賣後取金案 선기매후취금안
槎*踣**成木攬***片紙 차북성목람편지
體來苦往用閃****殘 체래고왕용섬잔

주식투자와 편백을 기르는 것은 서로 닮았다
투자론 교과서는 여러 가지 주식투자기법 중 기업의 수익성 성장성 내부가치 등을 평가하여 선택한 종목의 장기보유를 권하고 있고
편백을 묘목부터 관리하여 그로부터 소득을 얻으려면 치림자의 인생전체 중 대부분에 해당하는 기나긴 시간을 소비하면서 기다려야 하기 때문이다
시간흐름을 견디고 버티면서 목적한 바를 지켜나가는 것은 인생을 살면서 마주치는 여러 어려운 과제들 중 뿌리기둥처럼 어려운 일이다
이와는 별도로 주식투자든 편백치림이든 동일한 경우를 맞게 되는 일이 있으니 본물건을 잃게 되는 상황이 그것이다
주식시장에서 여러 깃; 주가변동요인을 연구하여 얻기로 작정한 금전을 취하려면 매도적기에 그 주식을 팔아야(잃어야) 하고
경제가치가 충분하도록 훌륭하게 자란 편백을 베어 넘어뜨려야(잃어야) 나무에 비하면 얼토당토 않은 지전조각을 손에 쥘 뿐이다
주식과 편백 그 본체가 내게로 와 시간과 연구와 노력을 함께하다가 가버리면 쓰임새는 반짝 하고 남는 것이 있기는 하는 것인가

2022.05.16.

---

* 나무벨 차 槎
** 넘어뜨릴 북 踣
*** 손에쥘 람 攬
**** 번쩍할 섬 閃

作墾*地旱斜苦重	작간지한사고중
幸同齒夫妻先耕	행동치부처선경
初者感輕獨意更	초자감경독의경
仙遊緣熟觀善景	선유연숙관선경

산의 앞앞주인이 개간해놓았다는 곳에 작물을 키워보려 하니 가뭄과 산의 가파른 경사가 고생을 더하는구나

다행히도 나와 동갑내기인 조형석 김태숙 부부가 옆에서 먼저 작물을 예쁘게 키우고 있는 덕에

농구 다루는 초짜의 고달픔은 점차 가벼워지는 대신에 산주로서의 독립심도 옅어질까 다시 추스리는데

선유동에서 만난 인연이 시간이 지나면서 예쁘게 벋어나가 아름다운 풍광을 보리라

2022.05.18.

---

* 개간할 간 墾

元鑿新井意開國　원착신정의개국
今住村始業治水　금주촌시업치수
期企也莫隣不便　기기야막린불편
充缺分餘體之守　충결분여체지수

역사책에서는 원래 새 우물을 판다는 것은 나라를 새로 세운다는 것을 의미했다

오늘날에는 촌락을 새로 형성해 입주시키고 농사일이나 다른 기업을 영위해가도록 하기 위해 필요한 단위부락 치수의 기본을 뜻한다

내가 우물에 대해 기대하고 의도하는 것은 필요한 물의 공급에 있어서 이웃사람들에게 불편을 더 이상 끼쳐서는 안 된다는 것이다

모자란 부분은 채우고 남는 것이 있으면 나누는 것이 함께 살아가는 공동체의 수칙이지만 불편은 나눔의 대상이 아니라 삼가야 할 부분이기 때문이다

2022.05.20.

生和同時代是幸	생화동시대시행
壓煩過汝*笑予**康	압번과여소여강
未得深意晩咸喜	미득심의만함희
用心積情希滿場	용심적정희만장

동시대를 함께 어우러져 살아가는 것은 행운이다

살다보면 생기는 번거로움도 눌러 참아서 시간이 지나 네가 미소지으면 나 또한 편안해지고

미처 깨닫지 못한 너의 깊은 뜻이 뒤늦게 모두의 기쁨이 되는구나

마음을 기울여 정을 쌓아가면 함께 어우러지는 마당을 희망이 가득 채우리라

2022.05.23.

---

* 너 여 汝

** 나 여 予

春旱滋甚火克金 춘한자심화극금
熱枯草木毁錢囊* 열고초목훼전낭
咸助俗造水生木 함조속조수생목
先金生水要投當 선금생수요투당

봄가뭄이 극심하니 화극금 상극기운이 강하구나

가뭄의 뜨거운 기운이 금을 녹이는 형상인데, 초목을 말려 태우니 너나 없이 물을 구하는 데 돈주머니를 무너뜨리는구나

모두가 두레의 전통을 살려 수생목의 상생기운을 만들어내야 하는데

금생수라 하였으니 수생목에 앞서 이러구러 들어야 할 돈을 투자해 물을 만들어야 하는구나

2022.05.27.

---

* 주머니 랑 囊

佳言有親化周睦	가언유친화주목
一舌能償千兩債	일설능상천냥채
吾語本夢中夢說	오어본몽중몽설
或眩或惑招事昧	혹현혹혹초사매
求道尙遠慾目前	구도상원욕목전
不得汝心斟其皆	부득여심작기개
短對話縮交感套*	단대화축교감투
捨去更至雨仙來	사거갱지우선래

아름다운 말은 사람에게 친숙하기 때문에 주변을 두루 화목하게 만들고

말 한 마디로 천 냥 빚도 갚는다 하는데

나이가 육십 중반을 헤아리는 나는 아직도 말뽄새가 꿈속에서 꿈이야기를 하는 것마냥 종잡을 수 없어

주위사람들을 정신어지럽게 하거나 당황스럽게 하여 일을 애매하게 만드는구나

도를 찾는 길은 아직 멀기만 한데 욕심은 눈앞에 어른거려

너의 마음은 알지도 못한 채 대충 짐작하여 그것이 전부인 것처럼 여기고

대화를 짧게 자르고 깊은 교감은 축소시키는 말뽄새, 그 버릇

버린다. 제거한다. 고쳐나간다. 선유동에 비다운 비가 내리기 전까지

2022.05.30.

---

* 덮개 투, 덮을 투 套

假飾言行匿慾計	가식언행닉욕계
或發覺或自換眞	혹발각혹자환진
損何益何皆無用	손하익하개무용
時滔*理不變運旻**	시도리불변운민

참인 듯 거짓으로 하는 말과 몸짓은 필시 욕망과 드러내지 못할 작전을 숨기고 있게 마련

그것이 혹은 들켜서 드러나거나 혹은 시간이 흘러 스스로 거짓에서 참으로 돌아서기도 하는 것이 세상사

잃는 것이 무엇이고 얻는 것이 얼마인가 따져야 한다고 배웠지만 모두 소용없는 일

도도하게 흐르는 시간 속에 세상 움직이는 이치는 변함없이 하늘의 뜻을 실어나를 뿐인 것을

2022.06.03.

---

* 물넘칠 도, 도도할 도 滔

** 하늘 민 旻

時於事與次後異	시어사여차후이
前重先後狀總論	전중선후상총론
背缺圖各小特段	배결도각소특단
是未道躁心別本	시미도조심별본
兩者同取與失之	양자동취여실지
生又事皆階向魂	생우사개계향혼
覺勿識其中無息	각물식기중무식
時也適也汝恒滾*	시야적야여항곤

사람이 하는 모든 일에는 때가 있다(중요하다)는 말과 (언제인지는 모르지만) 다음에 보자(논의하자, 행하자)는 말은 일단 다르다.

전자는 일의 앞뒤, 각 단계의 상황을 중시하는 총론이고

후자는 일 전체에 관한 시각은 없고 일의 특정 단계에서의 적부나 성패만을 보는 각각의 소론이다.

다만, 이렇게 총론 소론을 구분하는 것은 도에 이르지 못한 조급한 마음이 본체를 (일부러) 구별하는 데 지나지 않는 것이다.

사실은 때가 있다는 말과 다음에 보자는 말 두 가지 모두 (시간을) 동일하게 말하면서도 무시하고 있다.

살아가는 것, 그러면서 일을 추진하는 것 모두가 각각의, 그러지 않으면 안 되는, 그 무엇, 즉 혼을 찾아 한 계단 한 계단 나아가는 것

그것을 느끼든 모르는 척하든 그 사이에 별로 상관하지 않는 그것은 쉼이 없어

시간이여 때여 너는 항상 (그냥 넘쳐) 흐르기만 하는구나

2022.06.06.

---

* 흐를 곤 滾

저자 소개

未空 황규봉黃圭奉

1957년생
함평초중학교
광주고등학교
전남대학교 경영대학(머큐리10기)
서울대학교대학원 경영학과 <경영학석사>
동국대학교대학원 경영학과(박사과정)

『신탁경영론』(1999) 저술

주식회사 타스코 대표
mosabric@ik2.kr

황규봉 한시선 제1집

월요일 수요일 금요일 한시韓詩 (제1집 1~100)

인 쇄 2023년 6월 25일
발 행 2023년 6월 28일

저 자 황규봉
발행인 정성택

발행처 전남대학교출판문화원
등 록 1981. 5. 21. 제53호
주 소 61186 광주광역시 북구 용봉로 77
전 화 (062) 530-0571~2
영업부 (062) 530-0573
팩 스 (062) 530-0579
홈페이지 http://www.cnup.co.kr
이메일 cnup0571@hanmail.net

값 10,000 원

ISBN 978-89-6849-976-0 (93810)